AF247891

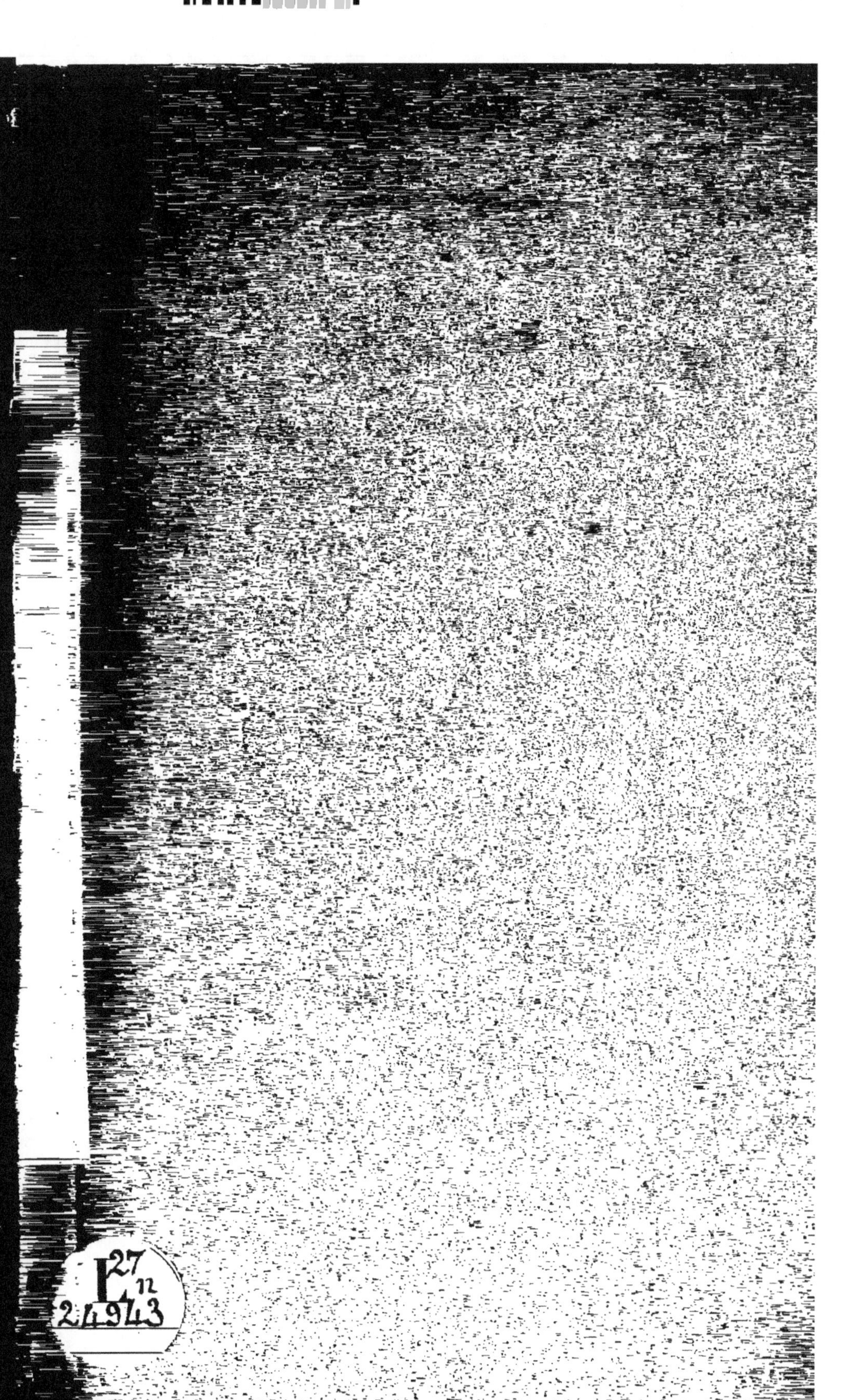

DISCOURS

SUR

J.-A. ROUCHER

PRONONCÉ A LA RENTRÉE DES FACULTÉS

ET DE L'ÉCOLE SUPÉRIEURE DE PHARMACIE DE MONTPELLIER.

LE 16 NOVEMBRE 1868,

PAR

M. CH. REVILLOUT,

PROFESSEUR DE LITTÉRATURE FRANÇAISE A LA FACULTÉ DES LETTRES.

MONTPELLIER

JEAN MARTEL AÎNÉ, IMPRIMEUR DE LA FACULTÉ DES LETTRES,

rue de la Blanquerie 3, près de la Préfecture.

1868

MESSIEURS,

Si le maître distingué dont j'ai l'honneur de tenir la place occupait encore son ancienne chaire, la Faculté des lettres trouverait dans le professeur de littérature française un organe vraiment digne d'elle et de cet auditoire d'élite.

Mais l'accueil favorable que vous voulez bien me continuer depuis cinq ans m'encourage à compter sur vos sympathies, et j'ose les réclamer aujourd'hui avec confiance, car je veux vous entretenir d'un compatriote illustre.

ROUCHER, l'auteur des *Mois* et la victime de la Terreur, est, en effet, un de ces nobles fils dont une cité peut être fière, car il a réuni dans une carrière, malheureusement bornée trop vite, ces deux grandes choses qui honorent les hommes et peuvent faire leur gloire : un beau talent et un généreux caractère. Et s'il a su, comme poëte, se créer une place dans notre histoire littéraire, il peut encore mieux, par la dignité de sa vie et l'héroïsme de sa mort, servir de modèle à toutes les époques et particulièrement à la nôtre. Sans doute il est glorieux pour une ville d'avoir produit un écrivain célèbre ; mais la gloire est plus grande et d'un plus salutaire exemple, quand on peut appliquer aux derniers jours de cet écrivain les beaux vers sortis de l'âme et du cœur de Roucher pour célébrer la mémoire d'Élie de Beaumont :

> Sans trouble, il regarde en arrière,
> Et remplissant de paix son heureux souvenir,
> Au jugement de l'avenir
> Livre sa course toute entière [1].

[1] *Les leçons de la mort*, chant funèbre, prononcé le 3 avril 1786, à la fin d'une cérémonie consacrée par la Société des Neuf-Sœurs à la mémoire d'Élie de Beaumont (*Almanach des Muses*, 1787, p. 255, 260).

4

En outre, soit par lui-même, soit par les siens, il forme, pour ainsi dire, un lien naturel entre nos Facultés, puisqu'il a, le premier en France, employé la poésie à populariser les découvertes de la science, et que sa famille a donné depuis un siècle à Montpellier des hommes de mérite dans les diverses branches des connaissances humaines.

En effet, sans parler d'un autre poëte plein d'esprit, mais d'une imagination trop vive, que la plupart d'entre vous ont pu voir [1], l'on peut dire que le nom de Roucher, grâce à deux de ses frères et à l'un de ses petits-fils, n'est guère ici moins connu dans les hôpitaux et dans les laboratoires que dans les académies littéraires [2].

Enfin, si je ne craignais pas, en m'occupant encore de M. Bérard, d'affaiblir ce que vous venez d'entendre, je vous rappellerais que le dernier survivant de la Société d'Arcueil, le continuateur parmi nous des travaux scientifiques dont le chantre des *Mois* s'était fait l'harmonieux interprète, est devenu son petit-neveu par alliance.

Voilà bien des motifs pour me donner le droit d'espérer qu'une étude sur la vie et les œuvres de Roucher vous semblera, comme à moi, une introduction convenable à la reprise de nos travaux.

---

[1] Joseph -François Roucher, né le 21 juillet 1783, mort le 21 juillet 1858. M. Mandon a fait une notice fort intéressante sur cet homme de lettres, petit cousin de l'auteur des *Mois*.

[2] Pierre-Jean Roucher (né le 23 février 1758, mort le 14 juin 1830), docteur en médecine, auteur de plusieurs ouvrages estimés. Voir la notice que lui a consacrée, dans le *Journal de la Société de médecine pratique de Montpellier*, N° d'avril 1842, M. le professeur V. Broussonnet. — Claude Roucher-Deratte 14 février 1761, 7 septembre 1840), professeur de physique à l'École centrale de l'Hérault, esprit un peu singulier qui a laissé de nombreux ouvrages, entre autres une tragédie sur la mort de son frère. — Un petit-fils de Roucher, docteur en médecine, ancien professeur aux hôpitaux militaires d'instruction et à l'école de médecine d'Alger, aujourd'hui pharmacien principal à l'hôpital militaire du Gros-Caillou, a eu l'obligeance de me fournir des renseignements et des documents inédits sur son grand-père.

Jean-Antoine ROUCHER

Le 16 avril 1774, un jeune tailleur quittait, en se mariant, la paroisse de Saint-Pierre et venait s'établir, comme maître, sur celle de Notre-Dame, dans la petite rue Arc-d'Arène. Il s'appelait Jacques Rocher, nom que, dans la suite, ses fils écrivirent Roucher conformément à la prononciation méridionale. Marié deux fois, d'abord avec Claire Baron, puis avec Françoise Aubanel, il eut de ces deux mariages cinq fils, dont le premier naquit le 22 février 1745 et reçut les prénoms de Jean-Antoine. Ce fut l'auteur du poëme des *Mois* [1]. Jacques avait peu de fortune et le travail mettait l'aisance dans la famille; mais, quoique simple artisan, ce père, noblement ambitieux, rêvait pour ses enfants de brillantes destinées.

Il se fit leur premier instituteur, instituteur un peu rude peut-être, mais sa sévérité cachait sa tendresse et forma des hommes.

---

[1] Voici son acte de baptême : « Le 24 février 1745 a été baptisé Jean-Antoine Rocher, né le 22 du courant, fils légitime de Jacques Rocher, m⁰ tailleur, et de Claire Baron. Le parrain Antoine-François Baron, la marrraine Jeanne Grosse, représentée par Magdeleine Rocher. — *Signé :* Rocher, Roucher. » (Paroisse N.-D., fol. 215 recto.) — Les quatre frères de Roucher étaient : Pierre d'Aubanel (1755); Pierre-Jean, le médecin, Claude, Deratte ; Jean-Jacques d'Orseranne, né le 16 juillet 17(5, licencié ès-lois, mort à Paris chez Roucher au commencement de 1789. — Une des sœurs du poëte, Magdeleine, née le 4 octobre 1751, fut la grand-mère de MM. Combres et de Mme. Bérard.

Voulant, avant tout, qu'ils eussent le sentiment des choses honnêtes, il leur donnait lui-même l'exemple de la piété filiale, de l'affection fraternelle et de la bienfaisance. Mais avec le sentiment de la vertu il leur inspirait aussi la généreuse ambition de sortir de l'obscurité par le travail. Souvent, aux jours de fête, il les conduisait hors de Montpellier, et, dans ces promenades solitaires, leur parlait des grands hommes dont le génie avait été précoce, et faisait ainsi palpiter leur jeune cœur au nom de la gloire. Le soir, dans les veillées de famille, on lisait la vie de ces enfants célèbres, ou bien le *Télémaque* et *la Jérusalem délivrée*, et de telles lectures transportaient les fils du tailleur bien loin de leur humble maison de la rue Arc-d'Arène [1].

Ce furent là les premières leçons que reçut Roucher. Il dut à ces exemples et à cette éducation domestique, avec le sentiment du bien et le désir de la célébrité [1], l'amour de la cam-

---

[1] Tous ces détails sont empruntés à la dédicace des *Mois*. On pourrait être tenté de voir dans cet hommage une exagération vaniteuse; mais une lettre intime nous fait encore mieux connaître combien Jacques Roucher méritait de ses fils un « tribut public de tendre vénération et de reconnais- » sance. » Le poëte écrit à sa fille le 12 juillet 1788 : «Si tu l'eusses connu » ce bon père, si tu eusses été en état de juger tout ce qu'il y avait de rare » *dans son cœur et dans ses pensées*, tu serais en adoration devant sa mé- » moire. Né dans un état obscur, il avait tout ce qui rend digne d'être » distingué; tu peux en juger par l'éducation qu'il a donnée à ses cinq » garçons. Ajoute à ce premier aperçu qu'il vivait dans la province à deux » cents lieues de la capitale, et tu auras peine à concevoir qu'un tailleur » qui n'avait pour tout bien que le produit de son métier ait pu suffire à » élever huit enfants, parmi lesquels cinq garçons ont tous reçu une éduca- » tion qui devait les tirer de la classe commune.» (Extrait communiqué par **M.** le docteur Ch. Roucher.) — Le poëte n'est pas le seul des enfants de Jacques à parler ainsi; son frère Pierre, dans une thèse *de Rubeolâ*, sou- tenue en mai 1780, disait qu'il devait sa vocation médicale à son père seul: « *Tuis duntaxat consiliis artem uggressus fui medicam.... cognitiones...,* » *quarum ad acquisitionem a teneris annis, ut ita dicam, inflammasti.»* — Aussi le père Roucher écrivait-il à son fils aîné : «Votre frère Pierrotte » vient de passer docteur.... tous ses professeurs et confrères lui ont dit ce » qu'il y a de plus flatteur, d'après cela *jugez de ma gloire.* Aussi, je tâche » de donner à vos frères une éducation qui réponde à la vôtre. »

pagne et de la poésie. Et, quand il fut chez les jésuites de Montpellier, ce qu'il aima surtout dans ses études, ce furent
les tableaux de la vie champêtre que lui présentaient Horace
et Virgile. Il n'avait point encore senti l'impression de la
poésie; mais déjà son imagination quittait le monde réel pour
aller se perdre, à la suite de ses auteurs favoris, dans le
monde idéal.

Comme il était destiné par sa famille à l'Église, les jésuites
eurent naturellement l'idée de l'attacher à leur ordre; il n'eut
pas le temps de céder à leurs vœux. A peine avait-il atteint sa
dix-huitième année, que la Compagnie, bannie du Languedoc[2],
laissait le collége de Montpellier à des prêtres libres, choisis
par les consuls. Le jeune Roucher fit honneur à ses nouveaux
maîtres comme il avait fait aux anciens, et bientôt l'on parla,
dans toute la ville, de ses talents précoces pour la prédication.
Ces premiers sourires de la gloire auraient dû satisfaire une
vanité de dix-huit ans; mais la province, même à Montpellier,
était-elle un assez grand théâtre pour un jeune homme qui
rêvait la renommée de Pascal ou du Tasse? Seul, Paris pouvait
donner à cette âme, haletante après la célébrité,

Un nom des ténèbres vainqueur,

et le brillant élève en théologie, sous prétexte d'aller étudier
en Sorbonne, quitta son pays pour n'y plus revenir.

Il le quitta, Messieurs, mais il emportait des souvenirs

---

[1] Le fait suivant, raconté par Roucher lui-même dans une note qu'il a
mise sur un volume des *Poemata didascalia*, T. III, p. 17, que possède encore
M. Ch. Roucher, peut donner une idée de cet amour précoce de la gloire:
« J'étais en quatrième, je n'eus pas de prix, j'allais me cacher de honte
» sous le théâtre où je restais pendant deux heures, laissant tout le monde
» inquiet de moi, et mon père surtout qui *non moins honteux* se contraignit
» cependant pour me consoler. Et le lendemain, lorsque *les tambours de la*
» *ville publièrent auprès de notre maison le nom d'un de mes condisciples*
» *vainqueur*, je m'enfuis en pleurant et sanglottant. »

[2] Au mois de juin 1762.

vivants, des impressions ineffaçables. Que d'autres nomment
la pêche le plus savoureux des fruits, le palais de Roucher est
resté méridional ainsi que son cœur : il préfère la figue du Languedoc aux plus belles pêches de Montreuil.

Ne demandez pas à cet enfant de Montpellier de chanter le
cidre, « nectar de la Neustrie », il a mieux à faire :

> (Il voit) l'Occitanie, amoureuse contrée,
> De tous les dons des cieux embellie et parée,
> Qui, lui montrant de loin ses arbres toujours verts,
> Réclame pour l'olive une place en ses vers.

Vienne l'automne,

> L'automne par Bacchus, diapré de rubis,

votre poëte n'est plus sur les rives de la Seine ou de l'Oise, il
est dans sa douce patrie ; il respire avec amour

> Le parfum de vos vins mûris dans le gravier,

et, mêlant les fictions de la Fable aux enivrants souvenirs du
pays natal, il conduit, le thyrse à la main, le chœur des Bac-
chantes et des Ménades, et commence avec elles l'hymne sacré :

> Battez, bruyants tambours, battez de rive en rive !
> Il paraît, c'est lui-même ; il avance, il arrive !
> Oui, c'est lui. Je le vois sur les monts d'alentour ;
> Battez et de Bacchus annoncez le retour.

Le soleil du Midi, ce soleil qui retiendra Reboul à Nimes,
comme il excite l'enthousiasme de cet autre fils du Languedoc,
exilé sous les brumes du Nord par l'amour de la gloire !

> Grand astre, tu le sais, j'ai besoin de tes feux,
> Avec eux je m'éteins, je renais avec eux.
> Ah ! tant que roulera le fuseau de ma vie,
> Que ta douce clarté ne me soit point ravie ;
> Puisse, tourné vers toi, mon œil, près du tombeau,
> Par un dernier regard saluer ton flambeau !

Et les arcades du Peyrou,

> Ce grand, ce rare ouvrage,
> Qui de l'antique Rome eût lassé le courage,

comme il en était fier ! Que de fois, sans doute, en les regardant construire, il dut détourner ses yeux vers la mer, pour admirer, dans une contemplation muette,

> Cette plaine d'azur qu'un vent léger balance,
> Et qui dans tous ses flots, mollement onduleux,
> Répète le soleil et s'argente à ses feux!

Combien de fois ces images de la patrie absente, encore embellies par l'affection et par la poésie, vinrent-elles le poursuivre sous un autre ciel et l'attendrir jusqu'aux larmes!

Votre long printemps, les grâces de vos femmes célébrées dans tous les temps, la sage liberté de vos États, votre École renommée que la Faculté de Paris n'avait pu parvenir à effacer, vos bains, vos plantes salutaires, tous les avantages enfin qui faisaient une cité fameuse de la moderne Épidaure, se présentaient en foule au souvenir du poëte et le remplissaient en même temps de regret et d'orgueil.

Souvent aussi son esprit s'égarait dans vos campagnes et sur le front de vos coteaux ; il prenait part aux fêtes de vos laboureurs et faisait un mélancolique retour sur les amusements de sa jeunesse :

> Hélas ! que n'ai-je pu, plaisirs de mes beaux jours,
> Ou ne vous point connaître, ou vous goûter toujours!

C'est là, sous ce beau ciel, au milieu des champs, que son âme, encore naïve et fermée, s'était ouverte pour la première fois aux douces et pures impressions de l'amour et de la poésie. Se trouvant à Aiguesvives pendant les vacances de Pâques, il y tomba malade et faillit y mourir, mais il se réveilla de sa léthargie pour reprendre une vie toute nouvelle :

> Quel charme de sentir ranimer tout son être!
> Je crus qu'avec mes sens mon cœur venait de naître.
> Tout me parut nouveau ; le soleil à mes yeux
> N'avait jamais brillé, si pur, si radieux.
> Mon père, il me semblait plus sensible et plus tendre ;
> Mon ami, j'aimais plus à le voir, à l'entendre,
> Et l'asile champêtre où m'accueillit l'amour,
> Pour moi d'un long printemps ne fit qu'un heureux jour.

Ainsi, loin de vos murs, Roucher vivait encore au milieu des siens par la pensée et le souvenir, et c'était bien naturel, car il tenait de ces premières années passées en Languedoc tout son génie et tout son cœur. Dans le Nord , sans doute, il avait trouvé des sites plus frais et plus verdoyants, des eaux plus abondantes et plus limpides , une nature plus variée avec un soleil moins brûlant ; mais ce n'était pas cette nature étrangère qui l'avait formé, ce n'était point à ce soleil affaibli que s'était allumée sa flamme. Et si , dans le Nord, il avait acquis par le travail des idées et des qualités nouvelles, ces idées , au lieu d'étendre son imagination , n'avaient fait que l'alourdir, et ces qualités, dues à l'imitation, étaient factices et empruntées. Mais ce qu'il avait emporté du Midi , la verve , l'éclat, la vigueur, le coloris, la sensibilité, l'amour chaleureux du bien, il ne le devait qu'à lui-même, à sa famille et à son pays.

En arrivant à Paris , Roucher portait l'habit ecclésiastique ; il avait alors une charité si tendre pour les pauvres qu'on le vit plusieurs fois se dépouiller comme saint Martin de ses vêtements afin de les couvrir [1]. Néanmoins, sa vocation religieuse n'était pas assez forte pour tenir contre la passion des lettres [2], et bientôt l'exemple et les conseils d'un de ses compatriotes, Imbert de Nimes [3], qu'un poëme gracieux sur le Jugement de Pâris a rendu célèbre , lui firent

Courir du bel esprit la carrière épineuse.

[1] Il lui arrivait souvent, pour obliger ses amis, raconte Roucher-Deratte, de mettre ses effets, ses boucles même en gage ; et quelquefois, lorsqu'il était ecclésiastique, de poser ses chausses pour couvrir les nudités de certains pauvres qui pouvaient l'intéresser, quand il en rencontrait dans ses promenades solitaires. — Idylle en 300 vers, sur l'apothéose du poëte Roucher, note 1, p. 12. Montpellier, imprimerie de Jean-Germain Tournel, 1er août 1817, 12 p. in-12. Le style de cette note peut déjà donner une idée de l'esprit de Roucher-Deratte.

[2] Roucher abandonna l'étude de la théologie, puis la reprit, à la sollicitation de son père, au bout d'une année, pour l'abandonner bientôt définitivement.

[3] Il publia, de société avec Imbert: *les Muses patriotiques* ou *Poëme sur le mariage de Monseigneur le Dauphin* , par M. Rocher, avec une *Ode sur le même sujet* , par M. Imbert de Nîmes. Paris, Delormel , in-8° de 25 pag. avec gravures, 1770.

Il fallait pourtant vivre, en attendant la gloire. Roucher devint précepteur dans les environs de Compiègne, au mois de septembre 1768 , chez M. Pannelier, seigneur d'Annel.

M. Pannelier appartenait à cette aristocratie lettrée du xviiie siècle, à laquelle on peut justement reprocher des torts immenses, mais qui rachetait ses défaillances par l'ardeur de ses enthousiasmes et la sincérité de ses illusions. Elle a malheureusement trop aimé, trop préconisé

Ces vices délicats qu'on nommait des plaisirs,

elle s'est éprise avec un entraînement aveugle des plus dangereux paradoxes ; mais elle a cherché la justice, aimé l'humanité ; elle s'est passionnée pour le bien-être du peuple ; ses intentions et ses bienfaits font pardonner ses égarements et ses erreurs. Fonder des écoles, établir des ateliers de travail, ouvrir des chemins, encourager par tous les moyens l'agriculture et l'industrie, voilà ce que voulaient ces amis des hommes, ce que faisait en particulier le seigneur d'Annel.

Dans la maison commode et riante qu'il s'était fait bâtir au pied de l'ancien château féodal, on se livrait gaiement à tous les plaisirs ; le jeu, la danse, les concerts, les doux entretiens charmaient les loisirs d'uue heureuse jeunesse, tandis qu'au dehors, tout le canton, tiré de la misère par les travaux et les soins de M. Pannelier, bénissait le nom de ce seigneur bienfaisant et sensible.

Au-dessus de cette agréable demeure s'élevait le mont Gannelon, croupe autrefois inculte et sauvage, que M. Pannelier venait de couronner de gazon et de verdure. Roucher aimait à la gravir, pour y rêver dans la solitude. Là, ses essais commencèrent à prendre une forme et les Muses lui firent savourer leurs premières douceurs [1].

---

[1] Les détails sur M. Pannelier et sur l'existence que mena Roucher dans sa maison, se trouvent dans ses vers sur les plaisirs de l'automne (*Almanach des Muses*, 1775, p. 91, 97 et notes du mois de septembre, T. III, 29), et dans une note du mois de décembre, T. IV, 55.

Mais alors, au grand détriment de la poésie, l'on ne servait plus les Muses pour elles-mêmes, et l'on ne séparait guère les lettres de l'étude des sciences et de ce qu'on appelait la philosophie. Le jeune Roucher suivit la pente commune : il laissa la théologie pour l'histoire naturelle, et voulut être penseur en même temps que poëte. Bientôt, en 1771, pour retrouver son indépendance, il quitta M. Pannelier et revint à Paris. Il y rencontra d'abord bien des traverses et bien des épines ; mais son talent poétique et ses qualités aimables ne tardèrent point à lui donner de nombreux et puissants protecteurs. L'intendant de Soissons, Pelletier de Morfontaine, et Dupaty, le célèbre avocat général de Bordeaux, l'avaient particulièrement pris en affection, et quand Turgot, leur parent ou leur ami, fut devenu ministre, il nomma, sur leur recommandation, le jeune poëte receveur du grenier à sel de Montfort-l'Amaury [1].

Vers cette époque, Roucher s'était marié avec une descendante de Jeanne Hachette, la célèbre héroïne qui défendit Beauvais contre Charles le Téméraire [2] ; il fit aussi venir de Montpellier l'aîné de ses frères, Roucher d'Aubanel, pour gérer son bureau pendant ses absences. Alors commença pour notre poëte l'existence la plus heureuse et la plus brillante. Libre de travailler à ses heures et sans souci du lendemain, il pouvait, à son gré, se partager entre Paris et Montfort, entre le monde et la vie domestique. Tantôt véritable anachorète, il se confinait dans la solitude avec ses livres, sa famille et quelques amis ; tantôt, au contraire, homme de lettres recherché par les meilleures compagnies, il portait de salon en salon, de souper en souper, sa vivacité languedocienne, son attrayante humeur, sa philosophie tolérante et ses vers.

[1] Turgot lui annonça cette nomination par une lettre charmante publiée dans la *Biographie* Michaud, article *Roucher*, par Durozoir.

[2] Roucher se maria à Saint-Quentin, février 1773. — La famille de sa femme prétendait descendre de Jeanne Hachette.

Ce n'était pas seulement un homme aimable , il savait encore commander l'estime par ses vertus privées et l'austère dignité de ses mœurs. Il ne souilla jamais par l'intrigue sa vie laborieuse et pure, et tel était son effroi de passer pour flatteur, qu'il attendit la disgrâce de Turgot, avant d'oser publiquement, dans ses vers,

Bénir son bienfaiteur et celui de la France.

Loyal et fier, il ne savait rien pallier, rien déguiser, et quand La Harpe vint, au nom de l'Académie française, lui offrir une pension de 1,200 livres avec un fauteuil parmi les Quarante, s'il consentait à ne pas imprimer les lettres célèbres de Jean-Jacques à M. de Malesherbes, il répondit par un refus absolu à toutes les instances et se ferma pour jamais les portes de l'Académie. Il avait du talent, il le sentait, mais il n'en écrasait pas les autres; et, chose plus rare encore! jamais nulle émotion, même de jalousie ou d'envie, ne se faisait sentir à son cœur [1]. Compatissant et généreux, il ne laissait point s'évaporer sa sensibilité en paroles vaines: et, dans un moment de gêne, il vendit jusqu'aux boucles d'argent de ses souliers pour venir au secours d'un ami malheureux.

L'homme faisait ainsi valoir le poëte, et l'élévation du caractère donnait un attrait de plus au talent original de votre jeune compatriote. On ne le connaissait encore que par quelques jolis vers de société et par des morceaux détachés d'un grand poëme, qu'il était déjà célèbre dans tout Paris et semblait appelé à régénérer la poésie française.

L'œuvre dont les fragments faisaient concevoir de telles espérances était le poëme des *Mois*, et resta douze ans sur le métier. Mais, pendant cette longue élucubration, Roucher changea

---

[1] *Consolations de ma captivité*, ou *Correspondance* de Roucher, mort victime de la tyrannie décemvirale, le 7 thermidor, an II de la République française. A Paris, chez H. Agasse, an VI, 1797, deux parties in-8; 2ᵉ partie, p. 135.

jusqu'à quatre fois , sinon de titre , au moins de sujet , de marche et même de mesure[1]. Au début, il veut simplement imiter
les fastes d'Ovide et célébrer, comme le poëte romain , les fêtes
religieuses et les vieux usages de la patrie. L'entreprise était
belle et bien capable de tenter un poëte qui chantait le dévoue-
ment héroïque de Jeanne Hachette et voulait venger Jeanne
d'Arc des profanations du génie[2]. Mais pour comprendre et pour
aimer les coutumes de nos pères, il aurait fallu vivre dans un
autre siècle, et revenir à leurs croyances ainsi qu'à leurs idées.
L'esprit de Roucher s'en éloignait, au contraire, tous les jours
davantage, et bientôt, ses yeux prévenus ne voyant dans les
fastes français que des usages sans noblesse et des fêtes sans
poésie, il désespéra de féconder cette matière aride et laissa de
côté son premier dessein. Heureux s'il eût en même temps aban-
donné son titre , car ce titre n'annonçait plus rien de déterminé;
mais il le garda pour décrire, à l'occasion de chaque mois, tous
les phénomènes de la nature, et son sujet, comme le soleil, em-
brassa tout l'univers. C'était se condamner d'avance à d'iné-
vitables divagations.

Mais, ne l'oublions pas, en consacrant sa muse à chanter la
nature et les découvertes de la science, Roucher répondait à
l'attente universelle.

Assez long-temps, disait-on partout, la poésie française
n'avait été qu'un arrangement harmonieux de mots vides de
choses ; dans un siècle éclairé, les vers ne devaient servir qu'à
répandre et propager les lumières. La France avait son Pline,
elle attendait son Lucrèce. Un tel rôle était assez beau pour

---

[1] Roucher adopta d'abord le vers de huit pieds comme plus souple et
plus varié que l'alexandrin. Les morceaux qu'il a conservés dans ses notes
et qui restent de ce premier jet (*Hymne à la nuit* , *Plaisirs de l'automne* ,
publiés à part dans l'*Almanach des Muses*, 1772 et 1775), sont pleins de grâce
et de légèreté, et font regretter qu'il ait changé de mesure ; mais le petit
vers lui sembla plus tard trop peu grave pour un poëme de longue haleine,
et il l'abandonna pour l'alexandrin. (Voir le mois d'*Avril, notes*, T. I, p. 118.)

[2] *Journal de Paris* , 4 juin 1784. (Lettre de Roucher du 30 mai 1784.)

enflammer une imagination méridionale. Roucher l'accepta sans en calculer les périls, et se mit au travail avec ardeur.

Quand le poëte des *Mois* entreprit cette œuvre vraiment encyclopédique, la philosophie était arrivée à cet instant critique, si bien prédit par Bayle, où la raison, après avoir réfuté les erreurs, attaque les vérités et va si loin qu'elle ne sait plus où elle en est, et ne trouve plus où s'asseoir[1]. Toutes les doctrines spiritualistes étaient en butte aux plus furieux assauts, et Voltaire lui-même faisait pitié à la plupart des philosophes avec son Dieu rémunérateur et vengeur. Une sorte de naturalisme vague, inconscient, encore enveloppé dans les formules du déisme, était devenu la foi dominante; foi dont Buffon, avec son majestueux langage, était, sans le vouloir peut-être, le pontife et l'apôtre. Seul, parmi ces amants passionnés de la nature, Jean-Jacques Rousseau se trouvait trop à l'étroit dans l'univers et s'élançait vers l'infini, en s'écriant dans ses transports : « O grand Être, ô grand Être ! le plus digne usage de ma raison est de m'anéantir devant toi; c'est le charme de ma faiblesse de me sentir accablé de ta grandeur.» Mais ces éloquents ravissements n'avaient guère d'échos, et la nature, que les écrits de Rousseau rendaient plus attrayante encore, absorbait tous les hommages et cessait de raconter la gloire de son créateur.

Malgré son culte fervent pour la personne et les idées de Rousseau, dont il adopte avec enthousiasme les plus contestables paradoxes, Roucher n'essaie pas dans *les Mois* d'élever, à l'exemple de son maître, ses pensées au-dessus de l'univers. Ailleurs, et notamment dans deux belles odes sur l'immortalité de l'homme et sur les leçons de la mort, il suivra Jean-Jacques et la pente naturelle de son âme pour revenir au spiritualisme; mais ici le courant l'attire et l'entraîne presque à son insu. Si son poëme est souvent un hymne, le Dieu qui le remplit et qui l'anime est rarement le Dieu du Vicaire savoyard. C'est le Dieu de Buffon, de Boulanger et de Bailly,

---

[1] Bayle, *Dict. philos.*, art. *Acosta*.

c'est-à-dire la nature, impérissable Dieu, qui se régénère et revit par la mort[1].

Roucher ne se borne point à se faire l'apôtre harmonieux de la nature et de la philosophie, il aspire encore à devenir le réformateur de la poésie française. C'était présomptueux peut-être, mais il ne doutait pas de lui-même, et d'ailleurs la nécessité d'un changement dans les anciennes règles se faisait partout sentir. Tandis que de grands esprits considéraient la poésie comme une ennemie de la raison, les poëtes et les critiques en vogue la réduisaient presque à un mécanisme ingénieux et difficile. Des vers bien faits, c'était surtout ce qu'on demandait au poëte[2]; aussi Delille arrivait-il à la perfection du genre, lui qui, suivant la grotesque boutade de Mercier, l'un des plus grands originaux du siècle, avait dans la main la facture du vers comme le gaufrier celle des gaufres.

Cette perfection mécanique était la mort même de l'art, et la grande originalité de Roucher fut de le comprendre. Gluck essayait alors de révolutionner la musique française ; il voulut devenir le Gluck de notre poésie. Elle se mourait de timidité ; il tenta, comme plus tard Châteaubriand, de transporter dans notre langue les beautés des langues hardies ; elle était pauvre, mais Montaigne et les écrivains du xvie siècle ne l'étaient pas ; il fallait raviver les mots expressifs qu'une fausse délicatesse avait laissé mourir. Nos vers, sans mouvement et sans ampleur, retombaient, deux à deux, les uns sur les autres avec une assoupissante uniformité; Roucher leur rendit le nombre et la période, en varia les tons et les couleurs, et recourut à l'enjambement pour en briser la monotonie. Enfin, le jeune audacieux, s'attaquant à l'autorité même de Racine, ne voulut plus qu'on étudiât ce grand poëte pour copier servilement ses formes et son style, mais pour lui demander le secret de créer des beautés neuves et d'être original à son tour.

[1] *Mois de novembre*, T. III, p. 213.
[2] Voir La Harpe, *Cours de littérature*, éd. Firmin Didot, 1821, in-8°, T. VIII, p. 300.

Le succès de ces nouveautés fut d'abord immense. Jeune, impétueux, plein de confiance en lui-même et dans ses théories, Roucher les débitait avec l'entrain et l'air triomphant des Méridionaux. Et, pour joindre l'exemple au précepte, il allait déclamant partout les morceaux les plus éclatants de son poëme. Rien n'égalait l'effet de ses lectures prestigieuses. Ces vers brillants et sonores, récités de mémoire, animés par un geste expressif, accentués par un organe puissant, étonnaient et ravissaient des oreilles accoutumées à la mélodie monotone de la versification classique. C'était un délire universel, et la lecture des *Mois*, de l'aveu de La Harpe, était le vin nouveau qui troublait toutes les têtes. Un jour Roucher débitait sa tirade sur la condition des laboureurs devant un vigneron de Montereau. L'homme de la nature écoute avec admiration, deux ruisseaux de larmes coulent de ses yeux, et quand la lecture est achevée : Voilà de beaux vers ! lui dit quelqu'un. « Vous les appelez beaux, reprend-il avec force, moi je les appelle sublimes[1]. »

Quelle modestie de poëte eût pu tenir devant ce compliment ingénu ? Et comment surtout ne pas tressaillir d'orgueil quand Rousseau, cet éloquent écrivain dont l'auteur des *Mois* faisait presque un Dieu, lui disait, après l'avoir entendu : « J'avais contre la langue française deux préjugés : je ne la croyais faite ni pour la grande musique ni pour la grande poésie. M. Gluck m'a détrompé du premier, vous me détrompez du second[2]. »

La popularité du jeune novateur était immense. La fête que célébra la loge des Neuf-Sœurs pour l'apothéose de Voltaire y mit le comble, et quand il eut déclamé sa véhémente tirade contre le fanatisme, les trépignements de l'assistance le forcèrent à la recommencer au milieu du transport universel. Comme penseur ou comme poëte, il importunait à la fois les

---

[1] *Correspond.* de Grimm, depuis 1770 jusqu'en 1782, 2ᵉ éd. Paris, 1812, T. IV, p. 280.

[2] *Consolat. de ma captivité.* II, 95, lettre 159.

deux forces qui se disputaient alors l'empire des esprits, l'Église et l'Académie. L'archevêque de Paris, Christophe de Beaumont, voulait proscrire *les Mois* comme un pendant de l'*Encyclopédie* ; La Harpe et ses amis y voyaient, au contraire, une révolte impie contre l'orthodoxie littéraire et demandaient à grands cris qu'on les délivrât du démon du Midi : *A demone meridiano libera nos, Domine.*

Roucher n'avait-il pas lieu de se croire une puissance? L'impression fut malheureusement l'écueil où vint échouer toute cette gloire. Avant que le poëme fût imprimé, tout le monde voulait l'entendre ; quand il le fut, personne ne voulut le lire. « Ce fut en poésie, disait Rivarol, le plus grand naufrage du siècle. »

Les partisans de l'ancienne poétique triomphaient avec fureur, les mots les plus injurieux et les plus méprisants étaient sans cesse à leurs lèvres ; à les entendre, le poëme de Roucher offrait tous les défauts imaginables et tous les vices possibles.

Disons-le vite, Messieurs, les classiques du temps montraient une indécente animosité et fermaient, dans leur prévention furieuse, les yeux sur de grandes beautés; mais ils avaient raison, malheureusement, dans beaucoup de leurs critiques. *Les Mois*, il faut bien l'avouer, manquent absolument d'ensemble, et par suite d'intérêt; ce sont des morceaux plus ou moins réussis, placés, on ne sait trop pourquoi, les uns à la suite des autres, *disjecti membra poetæ*, et l'on ne saurait en aucune sorte y trouver un poëme conçu suivant les règles du genre didactique.

Roucher a-t-il au moins renouvelé l'art poétique? Sa manière est grande, son pinceau large et brillant, ses expressions pleines de pompe et de magnificence, ses rimes riches et sonores, la marche de ses vers à la fois imposante et rapide; il tranche, en un mot, par sa vigueur et sa hardiesse, sur le talent pâle et correct de ses contemporains et de ses émules. Mais il eut, comme novateur, deux torts opposés, quoique également funestes : il manqua tout ensemble d'audace et de mesure, et ne sut ni s'avancer assez loin ni s'arrêter à propos.

Il aurait fallu franchement revenir au naturel et débarrasser l'art français de toutes les conventions arbitraires et de toutes les vieilleries qui le défiguraient, la mythologie [1], la fade galanterie [2], le culte de l'allusion et de la périphrase. Roucher n'eut pas ce courage. En même temps qu'il montrait une timidité surprenante à l'égard de toute cette poétique surannée, il ne tenait pas assez compte de ces lois éternelles du goût qui survivent, surtout en France, à tous les procédés et à toutes les écoles. Il prenait volontiers le fracas pour la grandeur et l'enflure pour la force. Son coloris vif et brillant tournait facilement à l'enluminure, et ses richesses mal employées dégénéraient en luxe fatigant et stérile. Heureux défauts sans aucun doute ! L'étude attentive des procédés de l'art et du génie de notre langage en aurait pu tirer des beautés solides et durables. Mais les novateurs en France n'étudient guère le passé ; ils demandent, comme on l'a dit, des révolutions avant de chercher des réformes. Roucher fit comme les autres. De là des tentatives hardies, mais absolument contraires à la nature de notre langue et de notre versification ; des vers sans césure, des enjambements téméraires, des rejets qui détruisaient toute mélodie. De là, par l'accumulation de longs adverbes et d'épithètes étourdissantes, une monotonie pompeuse, aussi désagréable à l'oreille que l'uniformité timide et compassée.

Voilà comment, avec tant de qualités brillantes, au lieu

---

[1] Il y avait pourtant plus de trente ans que Rosset, compatriote de Roucher, avait donné le conseil et l'exemple de bannir de l'agriculture française les divinités surannées de la mythologie et proscrit ces fantômes poétiques en fort beaux vers !

[2] Et cependant Roucher, dont les mœurs étaient irréprochables, ne veut certainement pas imiter le ton licencieux de ses contemporains :

> Qu'un autre mariant de coupables couleurs
> Soit l'apôtre du vice et le pare de fleurs,

mais le goût du temps l'emporte quoiqu'il en ait.

d'ouvrir à notre poésie des routes nouvelles, Roucher ne figure dans notre histoire littéraire que par un naufrage illustre.

A la vérité, tous les débris de ce naufrage ne furent pas perdus pour l'art, et, sans compter les classiques eux-mêmes qui, malgré leurs dédains et leurs sarcasmes, ne se firent pas faute d'en recueillir les épaves, Roucher trouva de son vivant un héritier de ses théories. Cet héritier fut l'aimable et malheureux André Chénier.

Rien au premier abord de plus dissemblable que le talent des deux poëtes ; rien de plus certain pourtant que leur parenté littéraire. Dans le poëme d'*Hermès*, dans celui de l'*Invention*, il est impossible de ne pas reconnaître, souvent revêtues des mêmes images, les idées habituelles et les théories les plus chères à l'auteur des *Mois* [1].

Et quand le jeune poëte, voulant défendre le français contre les plaintes des écrivains médiocres, leur demande avec un poétique enthousiasme :

> Est-ce à Rousseau, Buffon, qu'il résiste infidèle ?
> Est-ce pour Montesquieu qu'impuissant et rebelle
> Il fuit ? Ne sait-il pas, se reposant sur eux,
> Doux, rapide, abondant, magnifique, nerveux,
> Creusant dans les détours de ces âmes profondes,
> S'y teindre, s'y tremper de leurs couleurs fécondes ?

Ne croirait-on pas qu'il a composé ces vers après avoir

---

[1] On pourrait citer vingt passages de ces deux poëmes qui confirmeraient cette assertion. Je rappellerai seulement celui-ci, qui rend en fort beaux vers une idée bien chère à Roucher, sur le rôle que les progrès des sciences réservaient à la poésie. (Voir les *Mois*, *septembre*, p. 29 et 67, et le *Journal de Paris* du 8 octobre 1782, *Lettre aux auteurs du Journal*, p. 1143.)

> Mais quoi ! ces vérités sont au loin reculées
> Dans un langage obscur saintement révélées :
> L'auguste poésie, éclatant interprète,
> Se couvrira de gloire en forçant leur retraite.
>   (Ed. Charpentier, p. 187.)

L'*Hermès* recommence *les Mois* sur un plan meilleur.

entendu Roucher répéter sur les toits son idée favorite : « Notre
» français est un bel instrument de la pensée humaine ; ce n'est
» pas lui qui manque aux ouvriers, ce sont les ouvriers qui lui
» manquent [1]. »

Et la facture d'André Chénier ; ces vers brisés dont il sait
tirer de si grands effets, ces rejets expressifs, ces coupes heu-
reuses, toutes ces nouveautés enfin qui le font considérer
comme un précurseur de l'école moderne, n'en doit-il pas l'idée
et l'exemple au chantre des *Mois?* Mais ne sait-on pas que
Roucher faisait précisément partie de ce petit aréopage d'amis
auquel André confiait le secret de ses espérances [2] ?

Ah! ce n'est pas seulement le hasard des révolutions qui fit
rencontrer un jour sur la même charrette ces deux nobles victimes de la Terreur ; bien avant d'être liés par un même arrêt de
mort, ils étaient unis par les mêmes idées, et l'échafaud ne
séparait pas ce qu'avaient joint l'art et la poésie ! Seulement la
part d'André Chénier, du côté de la naissance et du génie, avait
été la meilleure. Noble et riche, il avait trouvé sa place toute
faite et n'avait pas eu besoin pour vivre d'aller au devant de
la gloire au lieu de l'attendre. Roucher, au contraire, forcé
de créer sa position par le travail, avait dû chercher dans des
publications hâtives une célébrité prématurée et dévorer sa
réputation dans sa fleur. Tandis que les yeux d'André s'étaient
ouverts sous le beau ciel de la Grèce, et, dans de nombreux
voyages, avaient pu voir la nature sous tous ses aspects, ceux
de Roucher ne connaissaient presque aucun des phénomènes
qu'il voulait décrire [3] : il les chantait sur la parole des autres et
son imagination s'échauffait sur des livres. Faut-il s'étonner
ensuite qu'il paraisse souvent un compilateur sans invention ?
Mais qu'il ait pu voir lui-même, observer de ses yeux, sentir

---

[1] *Consolat. de ma captivité*, II, 240.

[2] Ed. Charpentier, *préf.* de M. H. de Latouche, XV.

[3] « Je serais, dit-il lui-même, resté sans doute moins au-dessous de mon
modèle si j'avais pu jouir du spectacle de la mer, *mais ne l'ayant jamais vu
que dans les livres*, etc.» *(Avril*, T. I, p. 152.)

avec son cœur, alors il est poëte, et véritablement poëte. Qu'il chante le soleil, les effets du printemps, les belles nuits du mois d'août; qu'il décrive le premier éveil des sens, les couleurs variées des fleurs, la débâcle des neiges; il est naturel, harmonieux, plein de jet et de mouvement : son vers coule de source, et ses plus implacables détracteurs ne peuvent lui refuser l'expression poétique et le sentiment de la nature :

> Il aima la campagne et sut la faire aimer.

Et ce n'est pas seulement la campagne qu'il aime et qu'il fait aimer : il s'émeut et s'anime pour toutes ces nobles idées qui sont à la fois la pente dangereuse et le côté glorieux du siècle, le sentiment du juste, le besoin de liberté, l'amour des hommes, et surtout cette conviction profonde que l'esprit humain est fait pour la science et la vérité. Nul n'a trouvé de plus fiers, de plus chaleureux accents pour exalter la puissance de l'homme et de la raison; cette foi que ses contemporains poussaient jusqu'au fanatisme le pénètre et l'inspire, et telles sont souvent la puissance et la sincérité de son émotion qu'elle se communique au lecteur et l'entraîne. Voyez, par exemple, avec quel enthousiasme et quel mouvement il fait parler le génie de l'Océan au premier navigateur :

> Espère la victoire et tu seras vainqueur....
> Ne sais-tu point que l'homme est né pour tout oser ?
> La mer a des périls ! ose les mépriser.
> Viens sur un frêle bois leur disputer ta vie;
> Viens, d'immortels succès ton audace est suivie.....
> Il dit et disparaît. Une flamme rapide
> S'allume au cœur de l'homme; et d'un œil intrépide,
> Mesurant ce théâtre où la gloire l'attend :
> J'y règnerai, dit-il. Il le jure; à l'instant
> Les sapins abattus se creusent en nacelles :
> La rame les emporte et leur prête des ailes.

Ces étincelles du feu sacré ne brillent pas seulement dans le poëme des *Mois*, elles éclairent comme des jets de vive lumière tous les vers que Roucher fit dans la suite. Car il ne fut pas découragé par la chute de son livre ; confiant en sa propre valeur, mais détestant souverainement les querelles , il accueillit avec une fière indifférence les insultes de ses détracteurs et ne leur répondit qu'en continuant tranquillement ses travaux. Trois grands poëmes , conduits presque de front , ne pouvaient suffire à l'emploi de sa verve et de ses laborieux loisirs [1]. Des poésies fugitives ou des articles en prose, insérés dans l'*Almanach des Muses* ou le *Journal de Paris* , venaient sans cesse attester son ardeur pour le travail et sa fécondité [2].

Dans toutes ces pièces détachées se manifestait avec éclat la vigoureuse originalité de Roucher ; mais elle était partout, comme dans *les Mois*, déparée et affaiblie par de nombreux défauts d'exécution. Partout aussi les prétentions philosophiques, les longues déclamations et l'abus d'une érudition confuse venaient appesantir les ailes du poëte.

C'est qu'alors ce bagage, que nous trouvons aujourd'hui si lourd, était, au contraire, un levier puissant sans lequel l'art était sans force et la poésie sans vertu. On allait, avec l'impétuosité et l'imprévoyance nationales, au-devant de cet avenir de paix, de bonheur et de justice qu'entrevoyait la raison des penseurs à travers un séduisant mirage, et la génération pré-

---

[1] *La Rhodéide*, *l'Astronomie*, *Gustave Wasa ;* plus tard, *les Jardins.* Ces poëmes n'ont pas été publiés; mais la famille en possède de précieux fragments.

[2] Son œuvre poétique comprend , dit M. Gaston de Flotte dans la sympathique et fort intéressante étude qu'il a consacrée à Roucher (*Revue de Paris*, *septembre 1866*), outre *les Mois, la France et l'Autriche au temple de l'hymen*, *1770 ;* — un *Hymne à la nuit ;* — *le Triomphe de Voltaire*, *1778 ;* — *le Rétablissement de la marine française*, ode (1780); — *la Navigation aérienne*, ode (1783); — *le Génie de la ville de Paris*, ode (1784); — *l'Immortalité de l'homme*, ode (1786); — à la mémoire de *Maximilien Jules-Léopold, duc de Brunswick-Lunebourg*, *1786 ;* — *Chant funèbre à la mémoire d'Élie de Beaumont* (1787), publié dans l'*Almanach des Muses* sous ce titre : *Leçons de la mort ;* — à la mémoire *du président Dupaty* (*1788*), etc., et beaucoup de pièces insérées dans les recueils de l'époque, à la suite des *Mois*, et dans les *Consolations de ma captivité.* — Parmi les pièces insérées dans le *Journal de Paris* se trouve une longue *Ode à Gustave III* (N° du 14 juillet 1784).

sente croyait ingénument n'avoir qu'un pas à faire pour entrer en possession de ces biens qu'elle touchait déjà du regard. Pouvait-elle imaginer qu'une mer de sang et de larmes était à l'entrée du chemin ?

Votre poëte, Messieurs, partageait, vous le savez, tous ces espoirs et toutes ces ambitions; il consacrait à la cause du progrès toute la poésie de son âme et toute l'ardeur d'un sang méridional. Ses articles du *Journal de Paris* en sont la preuve.

Aussi, quand arriva la révolution, nul parmi cette génération confiante et passionnée ne la vit avec plus de joie; il professait depuis long-temps les principes qu'elle allait faire entrer dans le droit public; il croyait de toute son âme à la puissance pacifique de la raison; il salua donc avec toute la France le jour nouveau qui semblait se lever sur l'humanité.

Sa noble illusion fut de croire que ce beau jour allait immédiatement éclairer le monde et que la philosophie était assez forte pour commander aux passions déchaînées.

Déjà le sang avait coulé dans Paris et dans les provinces; le désordre était partout; les nobles émigraient, le clergé dépouillé prononçait des anathèmes; le roi s'était enfui et la république avait été réclamée au Champ-de-Mars : cette illusion de Roucher durait encore.

Il gémissait et s'irritait de toutes les violences; mais il les considérait comme des maux passagers et croyait à la durée de la constitution monarchique de 1791.

« L'état de Paris, écrivait-il dans une lettre intime [1], au moment critique où la Constituante allait se séparer pour faire place à la Législative, est satisfaisant. Les secousses qu'on nous avait promises étaient des chimères. On y veille de trop près. » Et, parlant du pouvoir royal qu'on avait suspendu lors de la

---

[1] Extrait d'une lettre autographe à sa fille, du 28 août 1791. Cette lettre appartenait au sous-bibliothécaire du Musée-Fabre, M. Saturnin Léotard, qui m'a fourni avec une infatigable complaisance des documents de toute espèce pour cette étude sur Roucher.

fuite de Varennes et qu'un vote de l'Assemblée nationale venait de rétablir, il ajoutait : « L'Assemblée agit comme elle le devait ; elle a fait mourir pour ressusciter, c'est-à-dire pour changer une mauvaise existence en une parfaite. »

Pauvre imagination de métaphysicien et de poëte ! elle prend ses chimères pour des réalités et des réalités palpables pour des chimères ! Une constitution de papier lui paraît une digue suffisante pour contenir le flot montant de l'anarchie ; un décret de l'Assemblée nationale, une parole de vie capable de ressusciter les morts.

Si cet optimisme d'un cœur droit trompa la raison du philosophe, le péril n'effraya jamais le courage du citoyen. Roucher, homme d'imagination, d'étude et de travail, n'était pas fait pour les orages de la vie publique ; il avoue lui-même qu'il avait besoin de grandes circonstances pour déployer toute son énergie ; mais il marchait droit dans le chemin tracé par le devoir, sans regarder autour de lui.

Dans la section de Saint-Étienne-du-Mont, dont il était président, les ennemis de l'ordre et de la loi n'eurent pas de plus indomptable adversaire ; et pendant les élections de 1791, Danton, qui le trouvait toujours sur sa route, l'aurait écrasé dans une dispute si l'on n'était venu les séparer. Durant les mauvais jours de la Législative, constamment sur la brèche, il ne craignit point d'affronter la haine des tribuns les plus populaires, Carra, Brissot, Péthion, Collot-d'Herbois, Robespierre lui-même.

On voulait dans sa section le déléguer pour la fête patriotique donnée aux Suisses révoltés du régiment de Châteauvieux. « J'accepte la députation, répondit-il, mais à la condition que le buste du généreux Désilles sera sur le char de triomphe, afin que le peuple contemple l'assassiné au milieu de ses assassins. » Ce mot courageux, répété de bouche en bouche, attire sur son auteur un déluge incessant d'injures et de menaces. Roucher tient fièrement tête à l'orage. « Le ciel, écrit-il dans un supplément du *Journal de Paris*, n'a pas mis pour rien au cœur de l'homme sensé et de l'honnête homme la pitié pour les sots et le mépris pour les fripons..... Je ne demande aux bons citoyens que d'avoir le courage de leur vertu ; ces factieux, ces calomniateurs, ces brigands qui nous agitent, nous diffament et nous égorgent, ne sont forts que de notre faiblesse. Hommes de probité, vous seuls les vrais amis de la patrie et de la liberté, montrez-vous avec courage, et vos propriétés, vos vies, votre honneur sont sauvés [1]. »

Après ce vaillant cri de guerre, Roucher se jette sans peur au-devant de ses dangereux ennemis. Collot-d'Herbois n'est à ses yeux qu'un personnage de roman comique ; il a sauté des tréteaux de Polichinelle sur son char de victoire et s'est élancé vers lui comme pour le frapper avec la rame que ses Suisses lui ont rapportée des galères. Mais quarante-sept ans d'une vie laborieuse et pure le placent à un point où n'arrivent pas les traits de tous les Collot présents et à venir [2]. Et quand Robespierre refuse la charge d'accusateur public au tribunal de la Seine : « Est-il donc de nécessité absolue, se demande avec une froide » ironie l'imprudent poëte, pour être accusateur, de rester atta- » ché à un tribunal ? Une tribune aux Jacobins suffit. Toute la » différence entre les deux positions se réduit à bien peu de » chose. Au tribunal on accuserait officiellement, à la tribune » on accuse officieusement [3]. »

Et c'est ainsi que Roucher ne craignait pas d'irriter la sombre colère du tout-puissant démagogue, surnommé, disait-il, je ne sais pourquoi, l'incorruptible, par des hommes qui ne le sont pas. Ne lui dites pas qu'il se désigne aux coups des assassins ; il vous répondrait comme le président Molé aux Jacobins de son temps : « Il y a loin du poignard du scélérat au cœur de l'homme de bien [4]. » Car il a foi dans le bon sens national, foi dans le

---

[1] *Journal de Paris*, *supplément* 46 de 1792.
[2] *Ibid. supplément* 49.
[3] *Ibid. supplément* 56.
[4] *Ibid. supplément* 49.

génie de la révolution. « L'opinion publique, écrivait-il encore,
éclatera dans toute sa puissance ; elle fera paisiblement une justice exemplaire de ces usurpateurs de la souveraineté nationale,
ou, si son action ne suffisait pas, la déclaration des droits ferait
retentir le même jour, au même instant, dans toute l'étendue
de l'empire, ces mots sacrés : la résistance à l'oppression [1]. »

Dans le *Journal de Paris*, où paraissaient ces vigoureux appels
au courage civique, écrivait aussi l'éloquent André Chénier.
Au journal, comme dans les vers des deux poëtes, éclatait
encore la différence de leur talent et de leur caractère. Roucher,
calme, intrépide, a le courage hautain d'un penseur et d'un
honnête homme. Il combat avec conviction, mais il n'est pas fait
pour la lutte. Il aime, il respecte la légalité, il attend tout d'elle
seule, prêt, comme Simonneau, le maire héroïque d'Étampes,
qui se fit tuer en la défendant, à mourir, quand il le faudra,
pour elle.

Mais il prête malheureusement sa sagesse à la multitude, et
croit avec un hymne à la loi, chanté sur la place de la Concorde
au milieu d'une foule indifférente, résister à *la Marseillaise* [2].

André, plus jeune et moins convaincu, n'a ni ces illusions,
ni cette intrépidité calme et sereine. Il aime la lutte pour ses
émotions et ses périls, mais sans espoir de vaincre, car il sait
« ce qu'il doit attendre de ces abominables brouillons qui vivent
de la liberté comme les chenilles des arbres qu'elles tuent. N'im-
porte, il mourra content de n'avoir plus sous les yeux l'avilis-
sement d'une grande nation, réduite par ses fautes à choisir
entre Coblentz et les Jacobins, entre les Autrichiens et Brissot [3]. »

[1] *Journal de Paris*, supplément du jeudi 10 mai 1792.

[2] Roucher fit les paroles et Gossec la musique d'un hymne chanté sur
la place de la Concorde en l'honneur de Simonneau (*Journal de Paris*,
3 juin 1792). Il rend compte de la fête dans le N° du 5. « Pendant quelques
minutes, parmi le cliquetis des armes, l'agitation des chapeaux, le battement
des mains, on n'a entendu que ce salut attendrissant et d'un si heureux
augure : Vive la loi ! vive la loi ! »

[3] *Journal de Paris*, supplément du 27 juillet 1792.

On sait comment se termina cette lutte impossible entre
quelques hommes de cœur et les Jacobins : l'émeute du 10 août
emporta ce gouvernement désemparé que Roucher et ses amis
défendaient vainement contre la tempête, et l'auteur des *Mois*,
forcé de se cacher, rentra dans le silence de la vie privée. Il
redevint uniquement homme de lettres et père de famille.

C'est dans cette studieuse retraite, troublée seulement par la
nécessité de se dérober aux émeutes et aux perquisitions, qu'il
faut pénétrer pour mieux comprendre et mieux aimer Roucher.

Il ne peut plus songer à la vie publique ; il est même revenu
de ses ambitions littéraires. « Mon âme, écrit-il à sa fille, a
long-temps haleté après la célébrité attachée au nom de grand
poëte, aujourd'hui cette gloire n'a plus rien qui me séduise et
me transporte. Je cultive les lettres pour elles-mêmes, ou plutôt
pour les jouissances pures et solitaires qu'elles donnent à qui
sait se livrer à l'étude ; mais te voir une femme distinguée par
l'esprit et le caractère, m'applaudir d'avoir aidé à ce beau
développement, entendre avant le dernier terme de ma vie le
bien que diront de toi tous ceux qui t'approcheront et pourront
te connaître, voilà mon ambition, mon unique ambition [1]. »

Ainsi, ses enfants, sa fille Eulalie, alors âgée de seize ans,
son fils Émile encore tout jeune, sont désormais l'objet principal de ses soins et de ses désirs. Fortifier leur santé, leur faire
acquérir des connaissances, voilà son programme. « Ah ! petite
grive, écrivait-il à sa fille au temps des vendanges, vous bec-
quetiez le raisin, vous avez mordu à la grappe dans la vigne du
voisin ; absolution générale, si vous en êtes plus rebondie [2]. »

Émile est trop enfant pour qu'on puisse encore songer à
l'instruire ; Eulalie, plus âgée, aura d'abord tous les soins de
son père. Mais donner aux femmes des connaissances sérieuses,
c'était, à cette époque, heurter tous les préjugés de la bour-

[1] *Consolat.*, II, 215.
[2] *Lettre inédite* datée de Montfort, le 20 octobre 1787, qui a paru à la
vente du cabinet de M. le chevalier de R...., le 30 novembre 1863.

geoisie. A quoi tout cela, disaient les parents de Mme. Roucher,
mène-t-il une femme? A en faire un être pédant, insupportable
à la société. Et de fait, les défauts de la jeune élève semblaient
justifier cette défiance : son âme était, de l'aveu de Roucher
lui-même, plus tardive que son esprit. Mais il attendait avec
patience. « Laissez-la croître, disait-il, se développer complé-
tement au temps de sa vingtième année, et vous nous jugerez
alors tous les deux [1]. » Et pendant cette terrible année 1793,
il continuait à meubler l'esprit d'Eulalie, formait son style,
lisait et commentait avec elle nos grands écrivains, lui faisait
apprendre l'anglais et l'italien, ou bien employait à herboriser
les belles matinées du printemps et de l'été. Occupations bénies,
plaisirs purs! il faut en avoir goûté la sainte ivresse, pour les
bien comprendre; il faut les avoir perdus, comme Roucher,
pour en sentir tout le prix !

> Ivre d'orgueil ensemble et de tendresse,
> Comme j'aimais à la suivre des yeux!
> Dans mon délire, excusable faiblesse,
> Je croyais voir, un jour dans ma vieillesse,
> De mon bonheur, plus d'un père envieux.
> Ah! désormais sortez de ma mémoire,
> Tableaux riants dont je ne jouis plus!
> Tableaux cruels, vous m'invitiez à croire
> Que mes plaisirs feraient un jour ma gloire;
> Gloire, plaisirs, tous mes vœux sont déçus [2].

C'est dans ces vers pleins de larmes que Roucher, alors sous
les verroux de Sainte-Pélagie, exhalait ses souvenirs et ses
regrets.

Il avait eu beau renoncer à la politique, la politique le pour-
suivait. Sa ferme attitude dans sa section et dans les assemblées
électorales, ses suppléments audacieux dans le *Journal de
Paris* ne pouvaient être oubliés de vainqueurs ombrageux et
fanatiques. Dénoncé plusieurs fois comme aristocrate et comme
anticivique, il avait, à plusieurs reprises, été contraint de

---

[1] *Consolat.*, I, 69.
[2] *Ibid.*, I, 17.

chercher alternativement un refuge chez deux de ses amis,
MM. Pujoz et Perrin. Mais, trop courageux pour les compro-
mettre long-temps, il avait pris le parti de rentrer chez lui,
quelque chose qui pût arriver. Il y fut bientôt arrêté, puis re-
lâché, son ami Guyot des Herbiers ayant répondu pour lui.
Il ne resta pourtant libre que pendant quelques jours, et le 4
octobre 1793, le lendemain de l'arrestation de cinquante-trois
députés girondins et la veille du procès de la reine, un nouveau mandat fut lancé contre lui. Il pouvait fuir [1], mais c'eût été
mettre en péril le citoyen généreux qui s'était fait sa caution. Il
alla « furtivement donner un baiser dans son lit à son petit
Émile; puis, craignant de paralyser son courage, s'échappa
comme s'il eût fait une mauvaise action », et courut se remettre
aux municipaux qui devaient le conduire à Sainte-Pélagie [2].

Qu'on se figure les souffrances de l'infortuné. Il adore la
campagne et le grand air ; il a besoin de propreté, de chaleur
et de lumière; il aime le recueillement et le silence et ne se
complaît que dans les joies de la famille et de l'amitié. Et
maintenant il habite un espace de neuf pieds carrés, côte à
côte avec un compagnon malpropre qui n'a de commun avec
lui que le malheur; il ne voit le jour que par une demi-fenêtre
garnie de gros barreaux [3]; il est troublé pendant la journée
par le tintamarre des corridors, au point d'aspirer à l'heure
des verroux ; enfin, il ne peut apercevoir que de loin et à de
rares instants sa femme et sa fille, et si plus tard on lui permet
de garder avec lui, dans sa cellule, son charmant petit Emile,
les caresses et les saillies de cet aimable enfant ne suffisent pas
à le consoler de l'absence de tous les siens.

Mais il ressent la douleur sans y céder et se soumet avec une
ferme résignation « au vouloir de l'inflexible nécessité. » Sa

[1] On l'avait prévenu de l'ordre lancé contre lui.

[2] *Consolat.*, I, 6. Voir l'article de M. du Rozoir, *Biographie universelle*,
et Carrion-Nizas, *Décade philosophique.*

[3] *Consolat.*, T. I, p. 2 et 47. *Lettres à Mme. L. et à M. Guyot des Herbiers,*
— Roucher, quand il se plaint, ne le fait guère que dans les lettres à ses
amis. Voir *Lettres* 138, T. II, p. 210, 165, T. II, p. 290.

correspondance, qu'il a lui-même intitulée *les Consolations de ma captivité*, le montre, soit à Sainte-Pélagie, soit à Saint-Lazare, ce qu'il avait été toute sa vie, une âme également sensible et forte. «Il ne dépend pas des autres, écrit-il, de tourmenter mon âme. Mon corps peut leur appartenir quand il leur plaît de s'en saisir, mais mon âme leur échappe [1]. »

Non pas qu'il s'accoutume volontiers à l'injustice, oh! non, c'est un poids qui n'est pas fait pour ses épaules [2]. Mais ce poids, il parvient à le soulever à l'aide de la philosophie et de l'étude obstinée [3]. Dans sa demeure infecte, il s'arrange de son mieux, il dort, il mange, il travaille, ni plus ni moins qu'à son ordinaire [4]. Sa cellule étroite est un bijou d'ordre, de propreté et d'arrangement [5]; ses livres, ses papiers, son herbier — car il s'occupe encore de botanique avec des fleurs envoyées par sa fille —, disposés avec un soin minutieux, sont l'image de la tranquillité de son âme.

Il prépare, sous les verroux, une seconde édition de sa version d'Adam Smith; il traduit Thomson, il fait des vers, et surtout il écrit régulièrement à sa femme et à sa fille. C'est lui qui les console et les fortifie, lui qui, soit espérance, soit effort héroïque, les soutient par l'idée de sa délivrance prochaine.

Cette éducation d'Eulalie, commencée avec tant de sollicitude, il faut la terminer : c'est l'objet principal de ses lettres hebdomadaires, et, dans cette correspondance, il achève paisiblement de former le cœur et l'esprit de son enfant. Littérature, poésie, botanique, leçons de fermeté et de savoir-vivre, détails sur la vie des prisons : tout se trouve, aisément, sans effort, on pourrait presque dire gaiement, dans ces lettres si tendres et si courageuses; tout, excepté l'idée de la mort, qui, dans cet horrible séjour, devait se présenter sans cesse à la

---

[1] *Consolat.*, 1, 2.

[2] *Ibid.* 1, 46.

[3] «Oh! l'heureux consolateur des peines de la vie que le travail! » *(A sa fille, Consolat.*, 1, 205.)

[4] *Consolat.*, I, 3.

[5] Expressions d'Eulalie *(Consolat.*, 1, 255).

pensée et que Roucher ne laissait pourtant se glisser jamais sous sa plume.

Dans cet enfer des prisons républicaines, on aime à voir Roucher rester fidèle à ses convictions et ne pas désespérer de l'avenir de son pays. Il est injustement détenu, mais il a la ferme espérance que la justice aura son jour [1]. Les crimes de la Révolution et de la Terreur l'attristent et l'indignent, mais ne lui font pas maudire la liberté. Les orages dont il est victime ne l'effraient ni le découragent ; ils sont nécessaires aux gouvernements libres, car les tempêtes politiques donnent de la vigueur et de l'énergie à toutes les âmes [2].

Cette confiance imperturbable au milieu de la tourmente, ainsi que cette résignation si tendre et si complète, donnent à ces lettres de Roucher un caractère peut-être unique. C'est quelque chose qui rappelle de loin ces dialogues où Socrate en prison dissertait tranquillement avec ses amis ; mais Socrate mourait en regardant le ciel, tandis que Roucher, comme tous les hommes de cette génération que préoccupait uniquement le bonheur présent de l'humanité, ne pouvait détacher ses yeux de la terre.

Le dernier jour arriva cependant : Roucher, qui depuis plusieurs mois avait été transféré à Saint-Lazare, en fut tiré pour être conduit à la Conciergerie, ce cimetière des vivants, où, selon l'expression de votre compatriote Carrion-Nizas, on parquait les victimes humaines avant de les immoler [3]. Il renvoya son fils à sa femme, mit ses papiers entre les mains d'un ami sûr et fit faire par le peintre Leroy son portrait qu'il adressa à sa famille, avec les vers si connus :

> Ne vous étonnez pas, objets sacrés et doux,
> Si quelque air de tristesse obscurcit mon visage :
> Quand un savant crayon dessinait cette image,
> J'attendais l'échafaud et je pensais à vous.

[1] « Il faudra bien finir par la justice. » (*Consolat.*, I, 6.)

[2] *Consolat.* I, 233. Cf. I, 89, 99, 111 et 113.

[3] Carrion-Nizas, *Fragment d'un essai de nécrologie contenant quelques*

Vous connaissez le reste : « Le 6 au soir, il avait été transféré
» à la Conciergerie; le lendemain, à onze heures du matin, il
» parut devant le tribunal révolutionnaire, et à cinq heures
» après midi il n'existait plus [1]. »

André Chénier et Roucher s'étaient rencontrés sur les bancs
du Tribunal. Lorsque le président eut prononcé la sentence de
mort, André se leva par un mouvement vif et soudain, apostro-
pha les juges et s'écria : « Misérables assassins que vous êtes!... »
« Allons, Chénier, mon ami, du calme, lui dit tranquillement
Roucher, ils sont plus à plaindre que nous [2]. » Quelques moments
plus tard, les deux amis se retrouvèrent sur la fatale charrette,
et, si l'on en croit un poétique récit, se saluèrent par les vers
d'Oreste ét de Pylade. Chénier regrettait la gloire et disait, en
se. frappant le front : « Pourtant, j'avais quelque chose là. »
Roucher comme toujours, résigné, dédaigneux, maître de lui-
même, disait à son impatient compagnon d'infortune : « Ache-
vons notre sacrifice, et ne donnons pas à nos bourreaux le
plaisir de nous voir faibles et tremblants. » Tous deux restaient,
jusqu'au bout, fidèles à leur caractère.

Que se passa-t-il dans l'âme intrépide de Roucher, durant le
long trajet de la Conciergerie à la barrière du Trône, et pendant les quarante-cinq minutes que dura l'exécution des trente-
six autres condamnés [3]? Dieu seul le sait, mais, suivant un
témoin digne de confiance [4], il débitait dans ses derniers

traits pour servir à l'histoire de la vie et des ouvrages de Roucher, dans le
Recueil des bulletins publiés par la Société libre des sciences et belles lettres
de Montpellier, T. I, p. 15, et dans *la Décade philosophique*.

[1] *Consolat.*, T. II, p. 300. — Roucher fut mis à mort le 25 juillet 1794.

[2] Le docteur Roucher se souvient d'avoir entendu plusieurs fois raconter
cette circonstance à son père.

[3] Le *Journal de Paris*, du 8 thermidor an II. donne ce nombre de trente-
sept condamnés, mais en deux listes, l'une de 26 ou plutôt 25 (*Voy.* N° du
9 thermidor), l'autre de 12. Parmi les victimes figuraient, avec André
Chénier, huit ecclésiastiques, le baron de Trenck, le marquis de Montalem-
bert, le fameux Léonard, coiffeur de Marie-Antoinette, le conseiller
Goëzman immortalisé par les mémoires de Beaumarchais.

[4] « Une personne digne de foi a assuré à plus d'un membre de notre
famille que Roucher débita alors avec sa chaleur ordinaire son beau dithy-

moments , avec sa chaleur ordinaire , les beaux vers qu'il avait autrefois composés sur l'immortalité de l'âme :

> Si l'homme veut **régner**, il faut que l'homme expire ,
> Au-delà de la tombe est placé son empire :
> C'est la mort qui l'enfante à l'immortalité !

Ainsi , Roucher, en attendant la mort , élevait ses pensées vers le ciel; mais s'il reporta quelquefois ses regards en arrière, ce dut être encore pour souhaiter le bonheur de sa famille et de sa patrie. « Je serais heureux en mourant, avait-il dit à son frère, si je laissais après moi vingt-cinq millions d'hommes en chemin d'être libres et heureux[1]. » Ou bien encore : « Patience ! la liberté est un fruit qui, comme tous les autres , veut du temps pour mûrir. Il faut donc attendre[2]. »

Voilà , Messieurs, le véritable testament de mort de Roucher : c'est ce qu'en entrant en prison il avait annoncé qu'il voudrait toujours, même sous la hache[3]. Après ce vœu patriotique et généreux , je n'ai plus le courage de vous parler encore de son mérite et de son rôle poétiques ; ce vœu suffit bien seul à recommander sa mémoire aux hommages et à l'estime de la postérité[4].

rambe sur l'immortalité de l'âme. » (Émile Roucher, *Notice inédite sur la vie de son père.*)

[1] Roucher de Ratte, *Mélanges de physiologie , de physique et de chimie.* Montp. 1803, *Disc. prononcé à la Salle décadaire, le* 1er *vendémiaire an X,* p. xiij.

[2] *Consolat. de ma captivité* , T. II , p. 299.

[3] *Ibid.,* T. I , 6.

[4] Outre les notices citées ci-dessus, consulter Cyrille Rigaud, *Éloge de J.-A. Roucher,* prononcé le 31 décembre 1812. (*Bull. de la Société des sciences, lettres et arts de Montpellier,* VIe vol., p. 1).— *De la Bouisse Rochefort, Notice sur le poëte Roucher* (Mosaïque du midi , 5e année, p. 172).

FIN.